M. BOUILLET

1865

M. Bouillet, conseiller honoraire de l'Université, inspecteur général de l'Instruction publique, haut titulaire de l'Université, officier de la Légion d'honneur, chevalier de l'Ordre de Charles III d'Espagne et de l'ordre de Stanislas de Russie, est mort le 28 décembre 1864.

Ses obsèques ont eu lieu au milieu d'une foule nombreuse et recueillie, composée de notabilités de tout genre, anciens collègues, anciens camarades, anciens élèves ou amis particuliers de M. Bouillet.

Le deuil était conduit par son fils, M. Philippe Bouillet, sous-préfet de Semur, chevalier de la Légion d'honneur, officier de l'Instruction publique; son gendre, M. Adolphe Valentin, et son beau-frère, M. Magin, recteur de l'Académie de Rennes.

M. Danton, inspecteur général de l'Instruction publique, a prononcé sur la tombe de son collègue le discours suivant :

« Messieurs,

» Avant de nous séparer pour toujours de l'homme excellent que nous pleurons, et qui était pour moi, non-seulement un collègue, mais un de ces amis qu'on ne remplace pas, je vous demande la permission de vous entretenir de lui un instant. Je voudrais être l'interprète de la douleur publique, et acquitter, autant qu'il est en moi, la reconnaissance de l'Université pour un des hommes qui l'ont le mieux servie et le plus honorée.

» Sorti d'une famille sans fortune et privé de son père presque en naissant, M. Bouillet comprit de bonne heure qu'il n'avait à compter, dans le monde, que sur lui-même et sur son travail. Il fit de solides études au lycée Louis-le-Grand comme élève de Sainte-Barbe, entra ensuite à l'École normale, et débuta à Rouen comme professeur. Il revint bientôt à Paris pour y enseigner la philosophie dans les colléges les plus importants. Disciple de M. Laromiguière et de M. Cousin, mais inclinant du côté de M. Laromiguière, il donnait à la jeunesse qui suivait ses leçons, non pas tant une doctrine philosophique que l'esprit philosophique lui-même, qui vaut mieux que toutes les doctrines. Quelques-uns de ses anciens élèves m'écoutent en ce moment. Ils peuvent témoigner avec moi qu'un des grands mérites de l'enseignement de M. Bouillet, c'était d'inspirer aux jeunes gens l'amour de l'exactitude et de la vérité, la haine des abstractions vides et des vaines formules, et surtout l'habitude de se fier, dans les matières philosophiques, à la libre réflexion plutôt qu'à l'autorité.

» En 1840, après un long enseignement, marqué par de brillants succès, M. Bouillet devint proviseur du collége Bourbon. Dans cette fonction, qu'il garda jusqu'en 1848, et plus tard dans l'inspection académique et dans l'inspection générale, il fit sentir sa grande et sûre expérience, son savoir et son inaltérable conscience. Aussi nourri de littérature et d'histoire qu'il l'était de philosophie, et en même temps curieux des sciences exactes et de leurs applications, il y avait peu de questions où il ne portât une autorité qui n'avait d'égal que sa parfaite modestie ; avec cela, bienveillant, encourageant aux petits et aux faibles, indulgent surtout, et ne croyant pas facilement au mal chez les autres, parce que l'idée du mal n'entrait pas dans sa droite et candide nature.

» Ce n'est pas dans l'Université seulement, c'est, je suis tenté de le dire, dans le monde entier, que M. Bouillet s'est fait connaître et apprécier. Quelques publications savantes, entre autres des éditions philosophiques de Cicéron, de Sénèque et de Bacon, et un *Dictionnaire de l'Antiquité,* très-habilement fait, avaient commencé sa réputation d'auteur. En 1842, il fit paraître son *Dictionnaire universel d'histoire et de géographie,* qu'il a, depuis, perfectionné d'édition en édition, et dont il existe aujourd'hui cent mille exemplaires, répandus dans toutes les parties du monde civilisé. En 1854, il publia son *Dictionnaire universel des sciences, des lettres et des arts*, dont la vogue n'a pas été moindre. Au milieu de tous ces travaux, exécutés avec une persévérance, une attention aux détails et une sévérité de méthode dont les ouvrages du même genre offrent rarement l'exemple, M. Bouillet trouvait le temps de collaborer à plusieurs recueils estimés, et, dans les dernières années de sa vie, revenant, comme par passe-temps, à ses chères études philosophiques, il rendait à l'érudition un signalé service, en traduisant en français, pour la première fois, les œuvres de Plotin. On sait que cette traduction a été honorée d'un prix par l'Académie française.

» Ainsi se passait en veilles fécondes cette vie de bénédictin. Quand on songe à tant d'œuvres de longue haleine menées à fin,

à tant d'éditions patiemment corrigées, à tant de devoirs de toute
espèce consciencieusement remplis, on se demande avec admiration comment un seul homme a pu y suffire ; et même, lorsqu'on
a vu de près M. Bouillet, et qu'on a connu son application conti-
nuelle, son art d'économiser le temps et de travailler toujours et
partout, à peu près comme on raconte que faisait Pline l'Ancien
chez les Romains, on reste encore confondu de tant de résultats
considérables, obtenus en si peu d'années.

» Avec l'apparence d'une constitution délicate, mais aussi avec
une simplicité et une régularité de vie qui ménageaient sa santé,
M. Bouillet était arrivé à la vieillesse, sans paraître affaibli. A
l'âge de soixante-six ans, il supportait les fatigues de l'étude
comme aux jours de la jeunesse.

» Il n'y a qu'une chose que son courage n'ait pu supporter :
c'est le chagrin de voir tomber autour de lui, coup sur coup, son
gendre, son beau-frère, sa petite-fille ; ajoutons-y son ancien ca-
marade de l'École normale, et, pour ainsi dire, l'associé de ses
travaux et de ses succès, M. Hachette, dont la mort, vivement
sentie dans l'Université, semblait être pour M. Bouillet, déjà
percé au cœur, un sinistre avertissement.

» Sous le poids de tant de deuils successifs, M. Bouillet dé-
clina, s'affaissa. Vainement luttait-il contre le mal. Vainement
essayait-il de faire son devoir jusqu'au bout, et d'apporter son
tribut d'efforts à un ministre dont il aimait les généreuses in-
spirations et l'intrépide initiative. Il lui fallut s'arrêter, se sentir
vaincu, et, sur un lit de douleur qu'il ne quitta plus, se préparer
à la séparation suprême.

» Il vit arriver ce moment sans crainte et sans trouble, se con-
solant par la présence des siens, par la conversation de quelques
amis fidèles, et par des lectures sérieuses, où il n'entrait que les
plus purs écrivains de notre langue. Ainsi bercé par la tendresse
de sa famille et par les soins de l'amitié, ainsi fortifié par les plus
graves méditations, il a ignoré les déchirements de la dernière
heure, et, sans accuser la destinée qui le rappelait si vite, sans se
défier d'un avenir où il savait que sa récompense était prête, il es
entré avec résignation dans le repos éternel, remettant entre les
mains du Dieu de justice et de bonté qu'il avait si sincèrement
enseigné à ses élèves, une des âmes les plus honnêtes, les plus
douces et les meilleures que ce Dieu ait jamais formées. »

Plusieurs journaux ont consacré à l'appréciation de la vie et des travaux de M. Bouillet divers articles, dont voici les principaux, dans l'ordre de date où ils ont paru :

LE PETIT JOURNAL

LA MORT D'UN COLLABORATEUR

Il ne faut pas vous imaginer, cher lecteur, que je suis seul dans cette tâche immense qui consiste à vous récréer chaque jour.

Il est plus d'un arbitre consulté à votre profit, et pour le mieux de vos intérêts.

S'ils ne tiennent pas la plume, ces avocats consultants de ma fantaisie, ces éclaireurs de mon raisonnement, s'ils ne sont pas présents en chair et en os... ils n'en sont pas moins des collaborateurs précieux.

Et je leur ai voué, en toute justice, comme en toute humilité, un culte de reconnaissance perpétuelle.

*
* *

Hier est mort, à Paris, le plus docte, le plus exact des donneurs de notes, des rédacteurs de résumés...

Celui de tous les vulgarisateurs de la science dont l'explication est la plus facile à comprendre, l'analyse la plus lucide ;

Celui qui donnait sur chaque mot le sens, la racine, l'étymologie et les variantes d'orthographe.

*
* *

C'était un conseil sûr, — un guide fidèle, — un éloquent *cicerone* vous promenant dans le monde ancien et nouveau, et vous initiant, à chaque changement de climat, à l'idiome du pays et à la nomenclature de sa jurisprudence, de sa littérature et de ses mœurs.

*
* *

Mon précieux collaborateur ne m'avait jamais vu.

Peut-être, ouvrier de la science pure, de l'érudition sans alliage, ignorait-il ceux d'entre nous qui cisèlent la Causerie ou qui peignent ces grandes toiles de fond qu'on nomme le Roman d'aventures...

C'était un fils de l'Université qui, en enfant docile, ne lâchait presque jamais les jupons de son illustre mère...

C'était un professeur émérite, qui ne connaissait que les grades scientifiques et la hiérarchie des diplômes.

Il n'eût pas estimé Murger, qui n'était pas docteur en Sorbonne,

Ou Hégésippe Moreau, qui n'était pas académicien.

*
* *

Ce coopérateur muet de nos œuvres qui vient de mourir, se nommait M. N. Bouillet.

Il était inspecteur général de l'Instruction publique,

Conseiller honoraire de l'Université,

Officier de l'ordre impérial de la Légion d'honneur.

*
* *

M. Bouillet s'est livré à deux natures de travaux, bien distincts les uns des autres.

La première partie de ses écrits traite de matières excessivement abstraites, de philosophie transcendante, de traités métaphysiques qui entraînent le lecteur dans les études les plus ardues...

On voit que le professeur est monté au sommet du plus haut Savoir ;

Qu'il a grimpé, en se cramponnant aux plus rocailleuses aspérités, jusqu'à la cime des connaissances humaines,

Et qu'arrivé à cette élévation, qui fait tourner la tête à plus d'un audacieux,

Il a regardé face à face la turbulente Humanité ;

Il a pesé les théories et les systèmes ;

Il a comparé les sciences, les croyances et les superstitions ;

Il a fait, à l'imitation du plus divin des sanctificateurs, son sermon sur la montagne...

*
* *

Mais M. Bouillet n'était pas seulement un polémiste, un théologien, un juge expert de législations comparées.

C'était aussi un professeur éminent. Il aimait cette jeunesse enthousiaste et studieuse qui s'asseoit sur les bancs démocratiques de l'école, avant de s'asseoir sur le siége du magistrat, — dans la stalle du député, — dans le fauteuil du sénateur et de l'académicien...

Il était tout joyeux de répandre sur elle les trésors d'érudition qu'il avait amassés durant une longue vie, vaillamment occupée.

En descendant des hauteurs de la science métaphysique, il dota les étudiants, les élèves, les gens du monde, tous ceux qui pensent et qui écrivent, de plusieurs trésors d'érudition.

Ce sont les *Dictionnaires Bouillet,* dont la réputation d'exactitude est européenne.

*
* *

On écrit dans le silence du cabinet.

On cause dans ces allocutions chaleureuses de salon qui se se nomment la Conversation.

On tourne dans son cerveau l'idée qui n'est pas éclose, comme l'ours de la Fable tourne et retourne le voyageur.

Il manque un point précis, — une indication sommaire, un fait accessoire ou principal à ces impromptus de la plume ou de la voix...

Le Dictionnaire Bouillet les fournira à la minute...

*
* *

M. Nicolas Bouillet était né, le 5 mai 1798, à Paris, d'une famille d'armuriers de Saint-Étienne.

Il fit ses études au collége Sainte-Barbe, et entra, en 1816, à l'École normale, où il étudia sousMM. Jouffroy et Cousin.

Il fut tour à tour professeur suppléant de philosophie à Rouen, — professeur de philosophie au collége Rollin,— professeur suppléant de philosophie à Saint-Louis en 1829, — et titulaire aux deux colléges Henri IV et Charlemagne en 1830.

En 1840, M. Bouillet fut nommé proviseur au collége Bourbon, aujourd'hui lycée Bonaparte,

Et membre du conseil royal de l'Instruction publique en 1845, sur l'initiative de M. de Salvandy.

Il fut nommé en 1850, conseiller honoraire de l'Université ; en 1851, inspecteur de l'Académie de Paris, et appelé plus tard aux fonctions d'inspecteur général de l'instruction publique.

*
* *

Les œuvres dont j'ai parlé, et qui font de l'honoré M. Nicolas Bouillet le collaborateur de tout écrivain qui veut être promptement et sûrement renseigné, sont :

Le *Dictionnaire classique de l'antiquité sacrée et profane*, publié en 1826 ;

Le *Dictionnaire universel d'histoire et de géographie*, dont dix-neuf éditions se sont écoulées depuis 1842 jusqu'à nos jours ;

Le *Dictionnaire universel des sciences, des lettres et des arts*, publié en 1854, et dont les éditions sont nombreuses.

M. Bouillet, bien que philosophe, annotateur éminent de Cicéron et de Sénèque, fit quelques corrections aux éditions de ses dictionnaires, afin de pouvoir joindre, à toutes les approbations qu'il avait reçues, celle du Saint-Père, devant lequel il défendit lui-même, à Rome, la moralité de son œuvre.

*
* *

Quoique savant, dialecticien et philosophe, M. Nicolas Bouillet fut un journaliste remarquable à ses heures de loisir.

La feuille publique est un attrait même pour ceux qui font des livres graves , comme l'improvisation séduisait les doctes organes de la loi, qui lisaient des mercuriales écrites... pour obéir à l'usage...

Il collabora au *Lycée,* à la *Revue nouvelle* et à la *Revue française,* et ne fut pas le collaborateur le moins remarqué...

*
* *

La mort de M. N. Bouillet est une grande perte pour cette Fille des Rois, comme on nommait jadis l'Université.

Il avait su populariser l'instruction, — vulgariser la science, — pondérer les connaissances éparses dans cent volumes divers.

Il savait semer à coup sûr... et son grain germait en toutes terres...

Il nous reste, à nous hommes d'études promptes, d'improvisation journalière, comme à tous ceux qui cherchent le savoir... ses précieux dictionnaires.

Un véritable dictionnaire est un objet indispensable, un oracle toujours prêt...

J'ouvre un livre, et j'en trouve la définition :

« Le dictionnaire ne doit pas être confondu avec le VOCABU-
» LAIRE, simple nomenclature de mots sans explication raisonnée,
» — avec le LEXIQUE, recueil de mots de langues étrangères, sur-
» tout du grec et du latin, — avec le GLOSSAIRE, recueil et com-
» mentaire de mots vieillis et de locutions abandonnées. »

*
* *

Cette explication si simple et si précise, je la puise dans le *Dictionnaire des sciences, des lettres et des arts,* de M. Bouillet lui-même... pour faire valoir la portée, l'importance, le mérite de ses travaux.

C'est, je le crois, louer noblement un écrivain que d'employer à sa louange, une heureuse citation de ses propres écrits.

Timothée Trimm.

28 décembre 1864.

LE CONSTITUTIONNEL

Un érudit vient de mourir, dont les travaux figurent au nombre des instruments les plus impérieusement réclamés par l'esprit moderne.

Au train dont vont les choses, avec l'accumulation incessante des matériaux et des documents, avec la nécessité pour tous et même pour les gens de lettres, d'avoir, à chaque instant sous la main des résumés, des dictionnaires, des aide-mémoires, des compendium, qui leur permettent d'économiser les heures et d'être toujours prêts, on ne saurait assez encourager ces patients et infatigables abréviateurs, qui font tenir dans peu de pages la substance de tant de volumes. Laissant aux bénédictins de l'histoire les recherches, la comparaison et le choix des premiers témoignages, ils prennent la science des faits à ses derniers résultats et la présentent sous ses traits essentiels, par ses principaux événements, par ses noms et par ses dates.

On doit à M. N. Bouillet les deux meilleurs dictionnaires de noms et de choses qui aient encore été composés. Vingt éditions

successives en ont sans relâche amélioré le texte et extirpé les erreurs typographiques ou autres. On est confondu de l'énorme
quantité de renseignements, sûrs et choisis, qui se trouvent contenus dans ces deux volumes. Les anciens travaux du même genre,
par le format ou le nombre des volumes, se trouvaient être d'une
utilité relativement bornée. Ils étaient d'ailleurs trop encombrés
de critiques, de notes, de variantes et de commentaires. C'étaient
des livres à propos d'autres livres; ce n'étaient pas des outils véritables. Ils prenaient une trop large place à côté des collections
qu'ils avaient la prétention de suppléer.

Les deux dictionnaires de M. N. Bouillet ne sont assurément
pas des livres de poche; mais ce sont au moins des livres de malle
et de bureau. De là le succès prodigieux qui les salua dès leur
apparition, et qui s'y est aujourd'hui définitivement attaché,
comme aux deux recueils les plus complets et les plus estimés sur
la matière, brefs, exacts, impartiaux et libres de tout système.

Pour comprendre que la vie et l'intelligence d'un seul homme
aient suffi à l'accomplissement de tâches si lourdes, à l'achèvement
de travaux si compliqués et si divers, il faudrait savoir avec
quelle merveilleuse économie M. Bouillet administrait son temps.
Chaque minute pour lui représentait son utilité. Il ne marchait
pas sans une épreuve et un crayon dans sa poche pour la corriger. En chemin de fer, en voiture, dans le monde, cet infatigable
crayon prenait des notes, enregistrait une observation ou fixait
une solution.

Rien n'a manqué au succès de M. Bouillet; c'est par cent mille
exemplaires que se sont vendus ses dictionnaires, devenus des
autorités. Il laisse achevé et prêt à paraître un *Atlas universel*,
complément de ses deux *Dictionnaires*. La veille de sa mort, il en
corrigeait lui-même les premières épreuves.

Il ne lui a manqué qu'une justice, M. Bouillet n'était pas de l'Institut. Et pourquoi?

Ici se place l'éternel et mystérieux *pourquoi* de ces choix académiques auxquels ne répond jamais le *parce que* de la raison.

On a dû certainement lui objecter que ses publications avaient trop réussi, qu'elles étaient trop lucratives.

La faveur publique n'est pas une bonne recommandation auprès de nos académiciens. Des traités abstraits, obscurs et délaissés protégent bien mieux un candidat que l'œuvre la plus retentissante.

Il en est un peu de même pour la section de peinture. Un Saint-Jérome accroché dans l'église d'une petite ville, un Manlius relégué dans un musée de province, vont bien plus au cœur des académiciens que les toiles brillantes et disputées dans les enchères, d'un peintre aimé du public. Ce sont des revanches de la vieillesse et de l'impuissance.

On a dit à M. Bouillet, un érudit, un philologue, qui connaissait à fond le grec, le latin, l'allemand, l'anglais, l'italien, et savait tant d'autres choses, on lui a dit : Vos dictionnaires rapportent trop d'argent, c'est une bonne affaire ; cela intéresse et sert trop bien le public. Choisissez donc un auteur ancien qui n'ait pas été traduit en français, un auteur qui ne soit pas populaire, un auteur pour nous autres, et M. Bouillet traduisit de bonne grâce et avec le plus grand talent Plotin, le philosophe néoplatonicien.

L'Académie française accueillit et couronna le livre.

L'auteur est mort attendant son tour !....

NESTOR ROQUEPLAN.

9 janvier 1865.

LA PATRIE

Les sciences et les lettres ont fait de grandes pertes en 1864. Le dernier nom inscrit sur cette longue liste nécrologique a été celui d'un des hommes les plus honorables et les plus justement honorés du monde universitaire. M. Bouillet est mort, frappé au milieu de ses immenses travaux, en vaillant soldat de la science, sans qu'il ait songé un seul instant au repos, qu'il avait gagné par ses veilles laborieuses, par ses succès et par sa réputation.

Dire le nom de M. Bouillet, c'est dire ce que fut sa vie. Il y a peu de renommées aussi populaires que la sienne. Ses ouvrages ont été lus, parcourus ou feuilletés depuis vingt ans par tout le monde. C'étaient les livres classiques du collége, et ils sont encore les répertoires indispensables des bibliothèques publiques, les *Memento* précieux des salons. On ne dit plus un *Dictionnaire d'histoire ou de géographie,* ou un *Dictionnaire des sciences, des lettres et des arts;* on dit un *Bouillet.* C'est aussi un synonyme qu'on emploie aujourd'hui, comme jadis on employait le mot « Bénédictin » pour désigner une œuvre complète, érudite, révélant de grandes études et une grande science.

A l'exemple des moines des premiers siècles, M. Bouillet avait donné sa vie entière au travail, depuis le jour où sorti de l'École normale, en 1818, parmi les meilleurs élèves de Jouffroy et de Cousin, il se livra à l'enseignement et se fit remarquer jusqu'en

1840 comme professeur de philosophie et propagateur ardent des idées libérales. Les chaires des lycées Saint-Louis, Charlemagne, Napoléon avaient été successivement occupées par lui ; le provisorat du lycée Bonaparte lui échut en 1840, et il fallut une révolution comme celle de 1848 pour enlever à l'Université un des hommes qui avaient le plus fait pour la jeune génération.

Mais, en 1850, M. Bouillet était rendu à l'enseignement comme inspecteur, et il est mort avec un titre qu'il avait noblement porté.

Nous voudrions dire ici que c'est mal apprécier M. Bouillet que d'en faire seulement l'auteur des livres que tout le monde connaît. Mais nous sentons combien il serait difficile d'ajouter à cette réputation un nouvel éclat. Profond érudit, écrivain habile, M. Bouillet fut aussi un philosophe savant. Il a édité Cicéron et Sénèque dans la collection des classiques de Lemaire : on lui doit une édition magnifiquement annotée de Bacon, et il y a peu de temps le monde lettré accueillait une traduction remarquable des *Ennéades* de Plotin. Malheureusement tous ces beaux livres n'existent pas assez pour la généralité des lecteurs, et sans les *Dictionnaires,* M. Bouillet ne serait à l'heure qu'il est qu'un illustre inconnu.

Que ceux qui l'ont aimé ou qui l'ont apprécié pour ses vertus privées et publiques acceptent donc pour sa mémoire la renommée telle qu'elle lui est venue et telle qu'elle lui restera ! Les *Bouillet* vivront toujours ; s'ils ont des imitateurs, on ne les oubliera pas ; s'ils ont des éditeurs qui se borneront à les compléter au fur et à mesure que les événements marcheront, ils demeureront comme les types des beaux et des bons livres du xixe siècle. Et il est difficile que les générations futures ne soient pas curieuses de connaître l'homme studieux qui laisse après lui de pareils monuments.

Elles rechercheront ce qu'il avait été ; elles demanderont aux biographes ce que fut sa vie, et elles verront que sans autres titres que ses grades universitaires, sans avoir recherché les faveurs, M. Bouillet mourut après plus de quarante années d'un travail assidu, calme devant la mort, comme il avait été modeste devant le succès, et emportant dans la tombe, avec les douloureux regrets de sa famille, l'admiration respectueuse de tous ceux qui l'avaient approché.

Ce dernier sentiment, nous l'avons personnellement éprouvé, et ces lignes rapides en sont un sincère témoignage.

ERNEST DRÉOLLE.

19 janvier 1865.

LE TEMPS

Le monde des lettres vient de perdre en M. Bouillet un savant d'un genre tout à fait rare. Il y a, en effet, les savants selon les Académies, et les savants selon le public. Les premiers creusent un petit coin des connaissances humaines, et s'y enfoncent de plus en plus, au point de ne plus voir et de ne plus connaître ce que voit et sait tout le monde. On se rappelle l'*Hermagoras* de la Bruyère, qui « est instruit de la guerre des Géants, qui débrouille l'horrible chaos des deux empires, le babylonien et l'assyrien, » mais « qui croit Henri IV fils de Henri III, et néglige de rien connaître aux maisons de France, d'Autriche, d'Angleterre. »

Les savants selon le public, au contraire, se pénètrent des connaissances usuelles, et s'appliquent à les répandre. Ceux-là sont d'ordinaire peu appréciés des savants selon les Académies, qui affectent de les trouver superficiels. Ils ont beau, comme M. Bouillet, prouver par des travaux du plus grand mérite, que si leurs connaissances sont variées, elles n'en sont pas moins profondes : des succès trop marqués auprès du public font ombrage aux Académies, dont le ciel se compose de tant de nébuleuses. C'est ainsi que l'éclat du nom de M. Bouillet lui a nui auprès d'elles. Mais ce ne sont pas les Académies, c'est le grand public qui fait en définitive les réputations, même les réputations des savants : celle de M. Bouillet est une des plus légitimes, des plus incontestées, et elle restera en honneur parmi les savants, en même temps qu'elle demeurera populaire chez les gens du monde.

M. Bouillet était tout d'abord un érudit de premier ordre, un de ceux qui font avancer la science. Après avoir puisé le goût de la philosophie dans les leçons de MM. Royer-Collard, V. Cousin et Th. Jouffroy, il l'avait lui-même enseignée pendant vingt ans dans les principaux colléges de Paris ; et depuis sa sortie de l'École normale jusqu'à ses dernières années, il n'a cessé de travailler à l'avancement de cette science par des publications qui avaient pour but d'éclairer son histoire, et de faire mieux connaître quelques-uns de ses plus illustres monuments. Ainsi se succédèrent des éditions des *OEuvres philosophiques* de Cicéron, de Sénèque de Bacon, enrichies de précieux commentaires. L'édition de Bacon, pour ne parler que de cette dernière, est si estimée des Anglais eux-mêmes, que les auteurs d'une grande édition récemment publiée à Londres ont déclaré dans leur préface prendre pour base

celle de M. Bouillet, et ils ont confessé que c'est à l'œuvre d'un
Français qu'ils ont dû emprunter les secours les plus utiles pour
élucider un écrivain de leur nation. Enfin, M. Bouillet a couronné
sa carrière d'érudit par un travail d'une portée encore plus consi-
dérable. Il y a quatre ou cinq ans, tous les journaux sérieux, toutes
les revues importantes de l'Europe ont annoncé la publication
d'une œuvre vraiment colossale ; c'était la traduction des *Ennéades*
de Plotin, ce sphinx de l'école d'Alexandrie, dont M. Bouillet a,
pour la première fois, expliqué les énigmes à des lecteurs français.
L'Académie française décerna à ce travail un prix extraordinaire,
et, par l'organe de M. Villemain, le proclama « un monument
élevé à la science. » Ce n'est pas tout : pour se rendre compte de
tout ce qu'a fait en ce sens cet infatigable travailleur, il faudrait
parcourir l'*Encyclopédie moderne,* la *Biographie universelle,* le
Dictionnaire des sciences philosophiques : on y trouverait un grand
nombre d'articles consacrés par lui, soit à la grammaire philosophique, soit à la philosophie ancienne et moderne. Un auteur
moins riche de son fonds, au lieu de laisser tous ces articles épars
dans les recueils qui les contiennent, les en eût détachés pour en
faire un ou deux volumes de *Mélanges,* et ces *Mélanges* auraient
plus d'intérêt et d'unité que bien d'autres.

Si M. Bouillet se fût borné à ce genre de travaux, nul doute
que les portes de l'Institut ne lui eussent été ouvertes à deux bat-
tants. Mais il a mieux aimé, et tout le monde lui en saura gré, ré-
server pour le vrai public une partie de ses veilles. Il avait com-
pris que ce qu'il fallait à son époque, c'était bien moins de la
science spéculative que des connaissances pratiques.

La science spéculative, il s'y est adonné, nous venons de le voir,
autant que pas un ; mais en même temps qu'il contentait son esprit par les études profondes, qui sont le privilége de quelques-

uns, il aspirait à être utile à tous en choisissant et en répandant ce qui leur pourrait être utile. D'éminentes qualités le prédestinaient à ce rôle de propagateur de la science, qui a donné à son nom son principal éclat. Non-seulement il était servi par une science étendue, par l'habitude de creuser en tous sens, de ne jamais se payer de mots, d'écarter tout ce qui pouvait être vague et obscur; non-seulement il y apportait un amour ardent de la vérité et une conscience inflexible, mais il y était aidé encore par un jugement d'une fermeté, d'une sûreté, d'une rectitude incroyable. Dès 1840, M. Cousin, dans la préface d'un de ses ouvrages, parlant des philosophes contemporains qui avaient été ses élèves, le caractérisait ainsi : « L'exact M. Bouillet. »

L'exactitude était en effet, pour l'esprit de M. Bouillet, un besoin aussi impérieux que celui de savoir; ou plutôt, ce n'était qu'un même besoin, car il n'y avait pas pour lui de savoir sans exactitude. Aussi, comme pour son compte, il avait remplacé les vagues réminiscences, les à peu près dont se contentent tant de personnes, par des notions exactes et précises sur chaque chose, il entreprit de faire profiter les autres des trésors de science qu'il avait lentement amassés.

Déjà il avait préludé aux labeurs qui ont illustré ses dernières années par un *Dictionnaire de l'antiquité sacrée et profane;* mais ce n'était qu'un début et comme un essai d'un plus vaste ouvrage.

Le *Dictionnaire universel d'histoire et de géographie* parut en 1842, à l'époque de la pleine maturité de M. Bouillet, alors âgé de quarante-quatre ans. Douze ans après, il publiait le *Dictionnaire universel des sciences, des lettres et des arts.* Il n'y a pas d'exemple de pareils ouvrages entrepris et menés à bonne fin par un seul homme. Dans ces deux volumes sont contenues, en substance, toutes les connaissances humaines : histoire, géographie;

sciences métaphysiques, morales, mathématiques, physiques ; grammaire, rhétorique, poétique ; beaux-arts et arts industriels. Nous ne voulons pas faire ici l'éloge d'ouvrages qui sont dans toutes les mains, et dont le premier est répandu dans le monde à près de cent mille exemplaires, pour ne parler que de l'édition française, et sans compter les traductions. Mais tous ceux qui se servent journellement de ces deux encyclopédies ne se rendent pas toujours bien compte de ce qu'il a fallu de force d'esprit pour les concevoir et pour les exécuter. Que de patience pour recueillir, coordonner, mettre en œuvre les matériaux ! Que de sagacité pour choisir le bon et l'utile, pour éliminer le mauvais et le superflu, pour dire tout ce qu'il faut, et rien que ce qu'il faut ! Que de bon sens pratique pour écarter le douteux ou le contestable, et ne donner place qu'à l'indiscutable et au positif ! Que d'attention pour se tenir sans cesse au courant de tout ce qui paraissait d'instructif, pour améliorer successivement ces deux ouvrages d'édition en édition, et conduire ainsi jusqu'à la vingtième, qui est une refonte complète, le *Dictionnaire universel d'histoire et de géographie !* Encore ne considérait-il pas sa tâche comme achevée par ces deux Dictionnaires ; et la mort l'a surpris au moment où il terminait l'impression d'un *Atlas universel,* qui est l'indispensable complément de l'un et de l'autre.

Le collègue de M. Bouillet qui, parlant sur sa tombe au nom de l'Université, a eu à retracer cette belle et laborieuse existence, M. Danton a dit que c'était « une vie de bénédictin. » Le mot est vrai à la lettre pour tous ceux qui ont eu l'honneur d'approcher M. Bouillet, et qui ont pu apprécier l'homme aussi bien que le savant. Son existence tout entière a été consacrée au travail, et dévouée à sa famille, à la société et à la science.

C'était une des natures les plus vaillantes et les plus élevées qu'on puisse rencontrer, et même, dans le sens philosophique du mot, les plus religieuses ; nous n'en voulons d'autre preuve que ces lignes, empruntées à la préface de la vingtième édition de son *Dictionnaire d'histoire et de géographie :* « Dans notre ardent désir de répondre à la confiance toujours croissante du public, nous n'avons pas hésité, bien qu'achevant notre douzième lustre, à entreprendre une œuvre qui eût exigé toutes les forces d'un jeune homme ; et, après un travail assidu de six années, il nous a été donné, par une faveur de la Providence, de la mener à bonne fin. » C'est ainsi que s'exprimait M. Bouillet quelques mois avant sa mort, déjà blessé au cœur par de cruelles pertes de famille, et lui-même mortellement atteint. Il sentait sa fin prochaine, mais rien ne pouvait altérer sa sérénité. Supérieur à la crainte de la mort comme à toute préoccupation personnelle, il ne voyait dans le nouveau coup qui menaçait de frapper sa famille, que la douleur qu'il allait causer aux siens ; et il semblait qu'il s'appliquât, en affectant la confiance, à en retarder l'explosion. On ne vit chez lui aucun trouble, aucun regret du passé ; on ne vit que la conscience consolante du devoir toujours accompli. Qu'on nous pardonne d'insister sur ces détails intimes : ils portent avec eux leur enseignement, et prouvent une fois de plus, qu'il n'y a pas de belle intelligence sans une belle âme.

Octave Sachot.

4 février 1865.

LE JOURNAL DES DÉBATS

Il y a deux mois, l'Université de France perdait, en la personne de M. Bouillet, inspecteur général de l'instruction publique, un de ses serviteurs les plus actifs et les plus dévoués. Nous avons exprimé alors les regrets que cette mort trop rapide inspirait à tous ceux qui ont connu ce maître dont la bonté égalait le talent, ce collègue affable et modeste. Nous voudrions dire aujourd'hui ce que nous pensons du savant qui avait su joindre aux occupations pénibles et nombreuses de l'enseignement et de l'administration le culte ardent de la science dans ce qu'elle a de plus attachant, de plus sérieux, de plus profond. On permettra sans doute ce court témoignage d'affection et de reconnaissance à un élève qui n'a point oublié la vigilante et paternelle direction de l'ancien proviseur du collége Bourbon.

M. Bouillet laisse après lui d'importants ouvrages qui attesteront longtemps l'étendue de ses connaissances, la variété de ses goûts et les aptitudes diverses de son esprit. Le public ne connaît guère de lui que les dictionnaires encyclopédiques auxquels son nom restera attaché ; mais pour ceux qui sont plus étroitement mêlés au mouvement des travaux littéraires, le souvenir de cet écrivain se rattachera à de plus grandes entreprises. Mettre la science à la portée du vulgaire, donner aux gens du monde, aux affairés, à ceux qui courent toujours après le moment de compléter les études imparfaites de leur première jeunesse, ce complément tout prêt et sous la main, voilà certes une œuvre utile et louable, et presque un bienfait. Nous le reconnaissons et nous savons aussi bien que personne tout ce que la pratique de l'enseignement tire d'avantages et de secours de ces compilations savantes qui s'appellent le *Dictionnaire de l'antiquité,* le *Dictionnaire universel d'histoire et de géographie,* le *Dictionnaire universel des lettres et des sciences.* Mais c'est par d'autres travaux qu'il convient de louer M. Bouillet. Sa vie presque tout entière n'a été qu'une étude, et comme nous le disions plus haut, un culte de la philosophie. A l'époque où sur les traces de M. Michelet et de M. Guizot, d'éminents professeurs de l'Université, MM. Durozoir, Ragon, Poirson et Cayx renouvelaient par d'excellents livres, ou, pour mieux dire, fondaient l'enseignement historique, M. Bouillet s'appliquait à commenter les œuvres des philosophes anciens. Il éditait, dans la collection des classiques latins de Lemaire, les traités philosophiques de Cicéron et de Sénèque. Plus tard, il donnait au monde savant sa belle édition des œuvres du chancelier François Bacon, si estimée des Anglais eux-mêmes que dans la grande édition anglaise des ouvrages de ce philosophe, le travail de notre savant maître sert de base à celui des éditeurs anglais.

L'œuvre capitale de M. Bouillet, celle qui l'avait encouragé à se présenter à l'Académie des sciences morales et politiques (et la docte compagnie aurait trouvé en lui un digne collaborateur), c'est la traduction des *Ennéades* de Plotin. Dans les premières éditions de son *Dictionnaire universel d'histoire et de géographie,* M. Bouillet disait, en parlant du philosophe néo-platonicien : » Cet écrivain attend encore un traducteur français. » Le traducteur est venu, et son ouvrage a mérité d'être appelé, dans un rapport à l'Académie française, « un monument élevé à la science. » Cet ouvrage, fruit de vingt années de travaux, a placé son auteur sur le même rang que les philosophes justement estimés qui, dans ces dernières années ont retracé l'histoire de l'école d'Alexandrie. Les commentaires de toute sorte, les éclaircissements, les *excursus,* comme disaient nos érudits des siècles passés, abondent dans la traduction des *Ennéades,* et permettent aux profanes de marcher à la suite d'un guide sûr et fidèle dans le dédale de cette philosophie où la profondeur tourne souvent à l'obscurité. M. Bouillet a déployé en cette matière toutes les ressources d'une critique pénétrante, ingénieuse et savante. Il avait entrepris une traduction complète des œuvres de Porphyre, l'ami et le disciple de Plotin. La mort a interrompu ces travaux. Mais ce qu'il avait accompli suffit à préserver sa mémoire de l'oubli et à lui concilier la reconnaissance de ceux qui font un titre au savant d'avoir éclairé, fécondé ou agrandi le champ de la science.

ERNEST DOTTAIN.

20 mars 1865.

THE TIMES

Il vient de mourir un lexicographe dont les Dictionnaires ont atteint une célébrité qui n'a pas été surpassée, au moins en France. C'est M. Bouillet, auteur de plusieurs ouvrages importants relatifs à l'éducation, mais dont les Dictionnaires ont mis dans l'ombre les autres publications. M. Bouillet a été professeur de philosophie, puis proviseur du collége royal de Bourbon (1840), inspecteur de l'Académie de Paris (1850), enfin inspecteur général des études.

Il était depuis longtemps connu comme un lexicographe très-habile. En 1826, il avait publié un *Dictionnaire de l'antiquité* sur le plan de Lemprière. Mais son ouvrage le plus répandu est le *Dictionnaire d'histoire et de géographie*, qui parut en 1842. Peu de livres ont atteint une aussi rapide et universelle popularité. Il fut tout d'abord accueilli comme le répertoire le plus commode de renseignements utiles qu'on pût avoir sur chaque chose. Les articles sont courts et précis ; vous y trouvez en un moment ce dont vous avez besoin. Il est indispensable comme livre de référence sur les sujets de chaque jour. Il fut recommandé par l'Université, adopté par les hommes de lettres et les gens du monde, et on le trouve sur tous les bureaux et dans tous les salons les plus confortables.

Comme pendant à cet ouvrage, M. Bouillet a publié en 1854, et dans le même format, son *Dictionnaire des sciences, des lettres et des arts,* qui a eu aussi plusieurs éditions. Il est pour les choses ce que l'autre est pour les noms, et forme avec l'autre toute une encyclopédie classique.

Outre ces deux ouvrages, qui sont les publications de M. Bouillet les plus connues et les plus utiles, il a édité avec notes les œuvres de Cicéron, de Sénèque, de Bacon, publié une traduction des *Ennéades* de Plotin, et contribué à plusieurs travaux importants dans diverses publications bibliographiques, scientifiques et littéraires ; mais sa réputation repose surtout sur ses deux grands Dictionnaires.

Peu d'hommes de lettres ont eu une vie plus constamment, plus utilement occupée. Il est mort il y a peu de jours dans sa soixante-sixième année, estimé de tous ceux qui l'ont connu et grandement regretté.